AF599655

Inconfesables actos de fascismo ordinario

Este libro ha sido impreso con papel procedente de fuentes sostenibles.

https://lasturaediciones.com
info@lasturaediciones.com

Colección Apuntador N.º 17
Dirige la colección: Miguel Ángel Mañas

Editado en Madrid, España

Primera edición: julio, 2025

D.L.: M-12961-2025
ISBN: 979-13-990447-5-1

Impreso en Antequera, Málaga
Printed in Spain

JULIO FERNÁNDEZ PELÁEZ

INCONFESABLES ACTOS DE FASCISMO ORDINARIO

Para Luna

En una céntrica plaza, sentado en una silla, con un gran nido de águila sobre la cabeza, dejo que mi vista se nuble por las lágrimas producidas por la ausencia voluntaria de parpadeo.

No respondo a las preguntas, en caso de que estas se produzcan.

Desenfoco y pierdo la mirada al recibir sobre mí las miradas de otras personas.

Trato de no pensar en nada, pero tampoco me convierto en estatua.

Soy un ser vivo que reclama ser nido.

Y no me ofenderé si me detienen por interpretar con mi cuerpo una metáfora.

En el teatro, y antes de entrar el público, suena la canción antibelicista de origen judío Hazina Elohim[1] *interpretada por un coro infantil.*

Las puertas del teatro están abiertas.

La canción sigue hasta que el público termina de entrar, que es invitado a ocupar la zona de escenario.

A continuación, un minuto de silencio.

---

[1] La letra de la canción termina de la siguiente manera: soñando por un mundo mejor / unidos con esta canción / no quiero ver sufrir / prefiero compartir / busquemos una solución /.

Desde una de las butacas.

Confesión y comunicado.

Hace unos meses tomé la decisión de dejar de escribir, no dejar de escribir sino considerar que ya había escrito suficiente y que no era necesario almacenar ni archivar más palabras en ningún sitio. Después de toda una vida escribiendo, pensé que la escritura me había ayudado a mirar el mundo pero que de nada servía ya compartir esta visión junto a miles de millones de miradas sordas. Sin embargo, pasados unos días, y tras darme cuenta de los cambios políticos que se estaban dando en el planeta, decidí reiniciar la escritura, si cabe, de una forma más febril que nunca. En un momento histórico en el que el odio se ha adueñado de la conciencia colectiva hasta el punto de permitir que unos seres abyectos y genocidas tomen el control de la nave en la que viaja la humanidad, la escritura resurge como una forma indómita de resistencia frente a la ignominia, y como acto de reivindicación de la memoria de la tierra. Una forma de subvertir la injusticia de un futuro impuesto desde la más absoluta marginalidad.

El fascismo avanza con sus inconfesables y ordinarias mordazas.

No se dejen arrastrar por la corriente.

Luchen.

Es ahora, o ahora.

Lectura.

Manual [irónico] de cómo enseñar a un niño y a una niña a ser fascista (con el objetivo de redactar un manual de guerrilla antifascista).

A los niños:

Se debe fomentar el antifeminismo de la forma más efectiva posible, aunque sin llamar mucho la atención. El antifeminismo es la vacuna contra el antifascismo. Si a tu hijo le hablan de igualdad en la escuela, pide explicaciones y pregunta a qué viene ese adoctrinamiento. Porque la igualdad no existe, todos somos diferentes.

A ser posible, inscribe a tu hijo en una actividad deportiva masculina y dile a menudo: "no seas marica". Piensa que pequeños detalles como este son los que van a ir configurando su carácter. Si quieres que tu hijo llegue a ser un buen fascista también es importante que primero llegue a ser un buen machista.

Habla mal en casa, y sin cortarte un pelo, de todos los políticos que solo están en política para ganar de dinero, y alaba en lo posible a los desinteresados fascistas que gobiernan en defensa de la nación.

Inculca en su cabeza ideas antimigratorias con lemas fáciles parecidos a los que tú mismo aprendiste cuando niño.

Apuesta por la violencia como forma de resolver conflictos: "como te dejes pegar te cae otra hostia de mi parte".

No tengas miedo a que se inicie tempranamente en el porno y en el alcohol. Tu hijo tiene que irse acostumbrando para que cuando crezca estas cosas no le sienten mal.

Quítale de la cabeza cualquier intento de estudiar para aprender. Lo peor que le puede ocurrir a tu hijo es que se convierta en intelectual. Pero si quiere ser ingeniero, que sea.

Si alguna vez tienes que humillarle, hazlo. De todo se aprende.

A las niñas:

Con una dosis de costumbrismo al día es suficiente.

Metáfora.

Los astronautas, al regresar a la Tierra, sufren de un síndrome que podríamos denominar de adaptación gravitatoria por las dificultades de aceptar la realidad terrestre después de un tiempo en el espacio.

Durante días, los astronautas buscan una referencia "general", es decir: una visión del planeta en su conjunto, y es por eso que sufren impulsos por subir a torres altas o incluso cimas de montañas.

El efecto de visión completa del planeta donde viven, y que experimentaron durante días en órbita, también transformó de alguna forma sus cerebros, de tal modo que a su regreso son incapaces de pensar en algo sin relacionarlo con el todo.

En gran medida, comienzan a sentirse extraterrestres al dejar de comprender los mecanismos por los que se rige la vida del resto de sus congéneres. Para los astronautas egresados desde el espacio, lo que llamamos civilización comienza a ser un completo absurdo.

Y una de las cuestiones que primero absurdizan es la del crecimiento económico.

En una ocasión tuve la oportunidad, como parte de una experiencia dramatúrgica ingrávida en la sala que dirigía Richard Foremann, el Ontological-Hysteric Theater de New York, de hablar con Ron Garan, un ex astronauta de la NASA con 178 días acumulados en el espacio y más de 114 millones de kilómetros viajando en 2.842 órbitas alrededor de la Tierra.

Yo le pregunté, inocentemente, si creía que el planeta Tierra se veía más pequeño desde el espacio, no en tamaño y a causa de la distancia, sino como concepto.

Lo que ocurre, me respondió, es que desde aquí lo vemos mucho más grande y más resistente de lo que en realidad es. Ese es el problema. Desde ahí arriba, continuó diciéndome, el planeta se ve en su justa medida: con una atmósfera fina y delicada, con una vida que parece inverosímil, con un sistema de interrelaciones preciso y al mismo tiempo frágil. Y después de un largo silencio, Ron terminó por confesarme: nos empeñamos en crecer, en crecer en todos los sentidos, pero sobre todo desde un punto de vista económico. Y esto es un error, un error enorme. Desde el espacio comprendes que todo crecimiento es destructivo.

Y es así como esta brillante idea acudió a mi cabeza para quedarse para siempre: el crecimiento nos matará, el planeta no podrá soportarlo.

El crecimiento también es fascismo, me dije, y me sigo diciendo.

Mientras el público se sienta en sus butacas.

Desde escena. Lamento suave.

Tanta esperanza vacía, tanta tolerancia rancia, tanto amor de lata, tanta agudeza marchita, tanta flor incomprendida, tanta estupidez adivina, tanto teatro de ficción, tanto abrazo de cortesía, tanta bandera sucia, tanta mentira como el agua, tanto fascismo debajo de la alfombra,

tanto disimulo,
tanto bombardeo,
tanto bombardeo.

Conversación con uno o varios espectadores.

A veces me pregunto por qué razón me he visto obligado toda la vida a ser antifascista. ¡Con lo cobarde que soy!

Nunca me ha gustado enfrentarme a nadie y menos a un fascista, porque suelen ser personajes bastante descerebrados y violentos, da igual la edad que tengan: 2, 4, 8, 16, 32, 64, etc.

Pero lo cierto es que no hay día que no tenga que vérmelas con uno, o con una, no vayan a pensar que el fascismo es un mal exclusivo de la masculinidad.

Ayer, sin ir más lejos, en el portal de mi edificio, el vecino del quinto A (aquí tienen su fotografía) (espero que no haya venido a verme, por favor, si es así que levante la mano antes de seguir, que lo menos que quiero es que se suspenda esta obra por una disputa de poca monta, más que nada porque he firmado un contrato con la sala y va a ser el único de toda la temporada).

Mi vecino del quinto A (acompañado de su chica, una mujer ninguneada, mucho más guapa que él, ¿pero que hace esa tía con ese idiota?) entra por la puerta y mientras yo abro el buzón e intento sacar un paquete atascado que el cartero ha intentado introducir a la fuerza (otro acto más de microfascismo), me dice:

VECINO.- Ya te dije ayer que no fregaras el suelo del rellano porque al salir de casa me resbalé y si me llego a caer, eh, eh, te voy a reclamar lo que facturo al mes, eh, eh, porque mis pies son mi herramienta de trabajo y si me hago daño en los pies, eh, eh, y no puedo trabajar te voy a reclamar lo que facturo en un mes, eh, eh, que es más de lo que imaginas, eh, eh, ¿me estás escuchando?

Mi vecino del quinto A repite mucho las cosas, y no solo las onomatopeyas de refuerzo (eh, eh), también las amenazas, así que antes de que pueda sacar el libro, él ya me ha dicho cuatro o cinco veces que factura mucho al mes y que me lo va a reclamar como se caiga por culpa de fregar el suelo del rellano de la zona común.

A mí me da por poner cara de tonto porque no voy a negar que fregué el suelo que va desde mi puerta al ascensor pero lo hice por higiene porque al sacar la basura orgánica para tirarla en los cubos correspondientes que hay a medio kilómetro de mi edificio me di cuenta de que la bolsa estaba algo rota y que un hilillo de líquido apestoso estaba poniendo perdido el terrazo. Pongo cara de tonto (no de forma consciente) y él entonces se lo toma a mal, bastante mal, y me suelta que cómo somos los ecologistas.

JULIO.- Te refieres a mí.

VECINO.- Sí, a ti, ¿o qué piensas que no sé que eres ecologista, eh, eh?

JULIO.- ¿Yo?

VECINO.- Sí, tú (subtexto: "sí, tú, estúpido de los cojones"). Ahí pone, eh, eh, Ediciones Invasoras (señalando el buzón).

JULIO.- ¿Y?

VECINO.- ¿Qué piensas, que no sé lo que es una especie invasora, eh, eh? Ahora, te digo una cosa, eh, eh, como las palomas me vuelvan a cagar la ropa me vas a comprar tú las camisas y los pantalones.

VECINA.- Y las sábanas (interviene su chica, cómo no). Que también las sábanas las cagan las palomas.

JULIO.- ¿Y por qué yo?

VECINO.- Porque vosotros los ecologistas estáis a favor de las palomas. Si no queréis que se maten, eh, eh, pues tendréis que pagar las consecuencias.

No me atrevo a preguntar por las consecuencias. Logro, por fin, extraer el libro del buzón, una antología de teatro breve sobre biofascismo.

Él sigue con la matraca, le oigo pero no soy capaz de comprender lo que dice, sus palabras suenan inconexas, como un martillo golpeando un tambor roto.

Un eh más alto que otro me saca de mi estupefacción.

VECINO .- ... eh, y te digo más, como el ayuntamiento no tome medidas, eh, eh, saco la escopeta y me lío a tiro limpio con ellas.

JULIO.- Pues avisa (le respondo, y estoy a punto de añadir: para no tender la ropa ese día) (el patio comunitario es bastante estrecho y los perdigones seguro que rebotan de forma indiscriminada).

A continuación interviene ella, dándose importancia:

VECINA.- Yo tengo amigos que trabajan en la tele, podrían sacarlo en el programa de la Sonsoles (no sé quien es, imagino que es un programa de esos neofascistas que echan por las tardes en una de esas vulgares cadenas que ve la gente vulgar) y verás cómo el alcalde reacciona. Si al alcalde le va la marcha, pues se la damos.

JULIO.- Me parece una idea estupenda (digo por darles la razón en algo aunque lo que se me pasa por la cabeza es que jamás conocí a personas tan estúpidas).

VECINO.- Tú lo que tienes que hacer es quitar del buzón lo de Ediciones Invasoras porque eh, eh, yo soy buena gente pero es otro y te da unas hostias eh, eh, que acabas más tonto de lo que pareces.

JULIO.- Yo no te he insultado.

Otra vez interviene ella:

VECINA.- Es verdad, él no te ha insultado.

Y entonces puedo vislumbrar lo que va a pasar a esa mujer a partir de ahora por el simple hecho de no darle en todo la razón a un alcohólico, que a ella se le pasará por la cabeza que tal vez no deberían haber bebido tanto antes de llegar a casa y que lo del amago de resbalón tampoco fue para tanto y que yo puedo fregar el rellano desde mi puerta al ascensor siempre que quiera, siempre que escurra bien la fregona, cosa que se me da fatal, y él, él no se lo perdonará, y en cuanto yo desaparezca se liará a insultos en contra de ella, eh, eh, y ella será incapaz de reaccionar, por más que intuya que fue un error irse a vivir con una bestia, por suerte aún no han tenido churumbeles, y él le soltará un bofetón por menos de nada.

JULIO.- Bueno, tengo prisa, cojan el ascensor. Yo subo por las escaleras.

Con un libro ficticio en la mano titulado: «Cómo desnazificar en 3 pasos».

Me he empapado con el contenido de un montón de libros sobre el fascismo contemporáneo pero no he encontrado una solución firme que me permita elaborar un antídoto contra el fanatismo que lo sustenta.

El fascismo es un mecanismo durmiente que se pone en marcha por sí mismo tras un leve golpe de aire. Pueden pasar décadas de letargo, pero, finalmente, siempre vuelve.

¿Cómo exterminarlo?

Me desperté con el ruido del agua entrando en la cisterna del water. Al acostarme había pulsado el botón que provoca que se inunde la taza y se evacuen los restos fecales hasta llegar a las cloacas, pero alguna pieza en el interior de la cisterna ofreció tal resistencia que evitó que el sistema se repusiera como habitualmente lo hace.

A media noche, el ruido del agua me sacó de una pesadilla.

Estaba en una fiesta de cumpleaños infantil y yo tendría unos ocho o nueve años. En la fiesta había muchos más niños y, entre ellos, dos tipos adultos riéndose. Uno de ellos, con coloretes de payaso, estaba medio borracho y hablaba sin parar de vender oro y comprarle deuda a no sé que banco. El otro, vestido de astronauta pero sin casco, amenazaba con arrancar la motosierra que tenía en sus manos y convertir la estancia en una piscina de sangre. Gritaba: «¡Vamos a sacar a la especie humana de lista LESPRE de especies protegidas!». Desperté empapado de sudor. Se me pasa por la cabeza que he cogido una gripe por falta de defensas contra el virus de la estulticia global.

Con los pies en una palangana vacía.

Los centros de datos almacenan toda la basura virtual del mundo.

Todas esas fotos que capturaron un momento y que nadie mira ya, y que tú mismo olvidaste, es basura.

Todas esas creaciones que hiciste gracias a un programa de inteligencia artificial que no hizo otra cosa que procesar millones de creaciones originales preexistentes, es basura.

Todos los archivos obsoletos, todas las retransmisiones en youtube, todos los vídeos chorra que subiste a facebook, es basura.

Los centros de datos solo almacenan basura.

Porque lo importante, lo que no es basura, lo guardas en sitios que tú controlas: dentro de un armario, debajo del colchón, en el cajón de una mesilla, en una tarjeta bancaria (esto no lo controlas pero al menos la usas para tu subsistencia) o en una memoria externa (que a veces pierdes y otras veces se estropea).

Eso no es tampoco lo importante, me replicas.

Ya sé lo que es importante, no estoy loco, te respondo. Pero me refería a lo importante–material, no a la vida, no al amor, no a la amistad, no al arte.

¿Por qué nos empeñamos en almacenar basura?, insistes.

No lo sé, te digo, será porque la basura nos identifica, toda esa basura somos nosotros mismos, nuestro pasado, nuestra identidad, nuestro deseo de dejar una impronta... Pero ese no es el auténtico problema, ese no es el problema que te quería contar. El problema es que al mismo tiempo que los centros de datos crecen y crecen, y se llenan de basura, el planeta se deteriora.

¿Sabías que estamos destruyendo los paisajes, la naturaleza, todo lo que nos rodea, con el único fin de generar más y más electricidad que alimente esos centros de basura?

¿Cuántas fotos se están sacando en estos mismos momentos, cuántas de esas fotos se suben a la red, por duplicado, por triplicado, a cada una de las redes que se alimentan de tu basura?

¿Cuántos vídeos hay ya en el mundo que podamos ver? ¿A cuántas horas tocaríamos por persona si todas las personas del planeta pudiéramos acceder a la red?

¿Cuántas preguntas se hacen por segundo a todas esas inteligencias artificiales que siempre tienen una respuesta adecuada para cualquier problema?

¿Sabías que para enfriar los centros de datos que almacenan toda la basura de la que hablo hace falta más energía que la que necesita París, Londres o Tokio?

¿Te has preguntado qué pasará si seguimos acumulando datos y más datos? ¿Te has preguntado donde está el límite de esa acumulación? ¿Te has preguntado quién gana en todo este juego?

Quien pierde, ya lo sabemos.

Pero planeta solo hay uno, pero planeta solo hay uno, pero planeta solo hay uno, repites como un loro, y a continuación te pones a cantar con la boca cerrada y con la letra m.

M de mierda, m de mierda, mierda de datos, mierdatos, mierdatos.

Conversación con Luna.

JULIO.- ¿Te has dado cuenta de que de la mayoría de las cosas solo vemos su superficie, pero no de lo que están hechas?

LUNA.- Y eso que las cosas siempre tienen un interior más grande de lo que pensamos. Nunca nos preguntamos de qué están hechas muchas de las cosas de uso...

JULIO.- Cotidiano.

LUNA.- Sí, las cosas del día a día, como los móviles.

JULIO.- No nos paramos a pensar cuántas tierras raras llevan, ni cuántas minas ha sido preciso abrir para extraer esas tierras raras, ni cuánta gente ha sido explotada trabajando en esas minas o qué cantidad de árboles ha sido necesario talar para...

LUNA.- Es lo que yo llamo la analogía del puré.

JULIO.- Del puré...

LUNA.- Sí, cuando nos sirven un puré, lo probamos, y si nos gusta lo comemos, pero sin hacernos demasiadas preguntas sobre qué lleva. Solo algunas personas curiosas preguntan por la receta o tratan de averiguar los ingredientes.

JULIO.- Por eso cuando eras pequeña, yo te daba puré, porque había muchas cosas que no te gustaban: el pimiento, la coliflor, la calabaza...

LUNA.- Tú me engañabas con los purés que me dabas.

JULIO.- Pero la gente vive engañada, ¿no crees?

Al público:

¿Y ustedes qué piensan? ¿Les gustan los purés? ¿Son de los que tratan de averiguar los ingredientes? ¿Se comen sin preguntar las papillas de información que les llegan a través del móvil? [Esta última pregunta mejor no hacerla].

Mirada lenta.

La lentitud es el antídoto del fascismo.

Andar muy despacio, comer despacio y poco, hacer el amor con los cinco sentidos y sin tiempo, hablar pronunciando todo, escuchar lentamente, mirar con mucha calma, consumir productos apenas, pasear siempre, tocar con el tacto, abrazar de manera sincera, besar acariciando, decir cosas bonitas al oído cuando nos plazca, frenar con sabiduría los impulsos, no dejarse arrastrar por el río de la ceguera.

Conversación con el público.

Supongo que es algo que a todo el mundo le sucede, lo de ir conduciendo con sol y tener el limpiaparabrisas puesto después de más de doscientos o trescientos kilómetros. A mí me pasa siempre que salgo de Vigo con lluvia y me dirijo al pueblo donde vive mi madre, a tres horas de camino en automóvil yendo a 110–120 por hora (soy muy prudente). Al llegar a mi destino, parar el motor y tener la intención de salir del vehículo, me doy cuenta de que los parabrisas están: flaf, flaf... flaf, flaf... flaf, flaf...

¿Julio, cuánto tiempo llevas conduciendo con ellos puestos? ¿Dos horas? Dejó de llover en Porriño, más o menos... ¿Pero cómo es posible que no te hayas dado cuenta?

Por más que me hago esta pregunta cada vez que me sucede, lo cierto es que vuelvo a caer en la trampa de los limpiaparabrisas en el siguiente viaje, y en todos los siguientes.

He investigado bastante sobre este asunto pero aún no he sido capaz de llegar a resultados concluyentes.

Parece ser, eso sí, según he leído en una revista científica (que espero no sea de esas que compran las empresas para colocar artículos tendenciosos y favorables a sus propósitos firmados por investigadores financiados por universidades financiadas por esas mismas empresas) que el cerebro es capaz de acoplar su actividad a ciertos ritmos repetitivos y constantes, de manera que nuestros pensamientos, nuestros sentidos y nuestros movimientos cabalgan en la misma frecuencia producida por tales ritmos, como podría ser el caso de los limpiaparabrisas de mi viejo vehículo.

Es decir, no vemos los limpiaparabrisas moverse por más que se mueven: flaf, flaf... flaf, flaf... flaf, flaf..., pues este movimiento se acopla con el inconsciente mediante una especie de hipnotismo visual y auditivo de manera que solo un frenazo, una detención o una plaga de mosquitos sobre la luna es capaz de hacernos ver la auténtica realidad de los limpiaparabrisas moviéndose: flaf, flaf... flaf, flaf... flaf, flaf...

Y ahora viene la segunda parte de este complejo acontecimiento: cada vez hay menos mosquitos que se estampen sobre le cristal.

No hace mucho, en cualquier viaje, por corto que fuera, era raro no causar un exterminio de insectos a causa de este desplazamiento dinámico. Pero de un tiempo a una parte, la luna llega tan limpia como un plato recién lamido, y esto me causa cierta inquietud, lo confieso. No solo por la paulatina desaparición de los mosquitos sino por la relación que pudiera existir entre este hecho y una más que probable hipnosis general.

Delante de nuestros ojos suceden acontecimientos terribles: matanzas, masacres, holocaustos, genocidios, sobre otros seres de nuestra misma especie y sobre cualquier otro de cualquier especie, flaf, flaf... flaf, flaf... flaf, flaf... y...

Sí, lo habéis adivinado, están acabando con los mosquitos para que no los veamos (los acontecimientos).

Después de tomar un pequeño sorbo de una infusión de ranunculus sardoüs y sin poder parar de reír.

Ranunculus sardoüs es una planta que al masticarla provoca la risa espasmódica. De ahí la expresión de risa sardónica. La risa que tengo ahora, la risa que me provoca este estado de ánimo histriónico y descompasado es la risa que deberíamos tener todos los días a causa de la teatralidad en la que han caído las realidades cotidianas, fruto del morbo de las miradas proletarias, al son de un baile de la muerte que dictan los dioses de la bolsa y los índices bursátiles y tecnológicos. Es la risa que nos debería dar para no tener que reflexionar, la risa que nos paraliza por dentro y nos exterioriza, la risa que nos deja inmunes al horror y que desafía el rumbo impuesto por la nada, la risa provocativa e insolente, la risa mordaz, soberbia, indecente, la risa que no nos salvará de morir pero que se burla de la muerte, la risa que nos alivia, nos alivia de manera perenne, hasta que el efecto pase.

Discurso en Youtube seguido de entrevista ficticia a Noam Chomsky[2].

Hay veces que me da por querer convertirme en terrorista para acabar con toda esa panda de poderosos y encumbrados machitos, borrachos de egolatría y con la pirola infestada de lombrices, porque no cabe otra explicación: que sean las lombrices de la pirolisis las que dejan sin oxígeno el cerebro de los susodichos.

Otras veces me da por querer embarcarme en una empresa –no sé si existe–, de esas que supuestamente luchan por el medio ambiente para, una vez metido a activista, proponer la exterminación de nuestra especie, pero no de toda, solo de sus representantes más célebres.

NOAM CHOMSKY.- Debemos decidir si la vida puede continuar.

JULIO .- Eso mismo piensa Netanyahu sobre los gazadíes.

Pero Noam no me escucha, sigue hablando sin parar, habla del momento trascendental en el que vivimos y se pregunta una y otra vez si continuará el experimento humano o se enfrentará a un final ignominioso. Ésta es la pregunta de nuestro tiempo –asegura–. Estamos en ese momento de la historia en el que debemos decidir si la vida humana organizada en la Tierra puede continuar. Y no estamos hablando del futuro lejano.

---

[2] Para esta escena se han utilizado recursos auténticos. Véase la entrevista de Julien Devaureix a Noam Chomsky (3 de marzo de 2025). Noam Chomsky: "En este momento de la historia debemos decidir si la vida humana puede continuar". Alteridad.
https://alteridadperiodicocultural.blogspot.com/2025/03/noam-chomsky-en-este-momento-de-la.html

Le interrumpo:

JULIO.- ¿Pero no cree que deberíamos acabar antes con Bibi? Me refiero a Benjamín Netanyahu.

Noam hace un gesto raro, no sé si dándome la razón o no comprendiendo que hablo en serio, completamente en serio.

Con los brazos en alto, mostrando un trozo de cartel de publicidad de unas elecciones con la cara de Isabel Díaz A[3].

Uno de los sueños húmedos del fascismo es deshacerse de los viejos. Las sociedades fascistas deben ser productivas desde el intervencionismo y la autosuficiencia. La no dependencia del exterior obliga no solo a mantener un espíritu juvenil pase lo que pase sino a minimizar cualquier tipo de ayuda ajena al sistema o a la familia. Pero no todos los viejos han de morir prematuramente, quedarían exentas de este sacrificio las élites gobernantes que son las que regulan tanto el mercado como la demografía.

Los tres métodos de senicido más corrientes son:

– Abandonarlos hasta que se mueran de pena o a causa de un virus.

– Inducirlos a un suicidio mediante la asunción de inutilidad o estorbo.

– Asesinarlos discretamente con recetas médicas o continuados disgustos.

Menos aceptado socialmente es el senicido directo, todavía practicado, aunque de forma ilegal, en el estado de Tamil Nadu, en la India. Se trata de una práctica tradicional llevada a cabo por los propios miembros de la familia y que se conoce como "thalaikoothal".

Según la *Encyclopædia Britannica*, el método para deshacerse de la persona mayor es el siguiente: "se le da un baño de aceite pronto por la mañana y se le hace beber varios vasos de agua de coco hasta conseguir un fallo renal y una fiebre alta, lo que le provoca la muerte en uno o dos días".

---

[3] No es la que no os podéis quitar de la cabeza.

Da igual que la persona mayor quiera o no quiera morirse, lo que importa es que tras su muerte y posterior reencarnación en vacuno la familia se ve aliviada de una pesada carga, tanto en lo que se refiere a la alimentación como a los cuidados.

Si por desgracia envejeces en una de esas familias tan tradicionales, la única forma de evitar la muerte es empezar a contar tu vida a uno de tus nietos y no terminar nunca, pase lo que pase.

Este método queda invalidado si se demuestra que, en un pasado, tú practicaste el "thalaikoothal" con tu madre o con tu padre.

Con un volante en las manos.

Hay una evidente relación entre la agresividad al volante y el tamaño del pene mental, es decir, ese miembro que imaginamos tener ante una situación de estrés y que es independiente de la sexualidad que practiques o de la edad que tengas, aunque es cierto que este fenómeno se observa con mayor frecuencia entre varones jóvenes e impulsivos.

El pene mental nada tiene que ver con el pene como miembro reproductor. Si el segundo mide, en estado erecto, entre 12 y 15 centímetros –aunque los hay más grandes y más pequeños–, el primero puede medir más de un metro de longitud en estado de cabreo exacerbado.

Un pene mental agrandado te hará decir cosas al volante tales como:

CONDUCTOR.- ¡Pringao, a ver si aprendes a conducir, tonto del culo!

Esto lo dirás tras verte obligado a frenar ante la parsimonia del turismo precedente y después de pitar insistentemente para que este mismo turismo moviera el culo tras demorarse en el arranque ante el verde de un semáforo en más de una décima de segundo.

Lo dirás mientras pasas a su lado, con la ventanilla bajada y gritando para que te oiga, mientras realizas una peligrosa maniobra de adelantamiento para quitarte de encima al pringao del turismo violeta de más de treinta años conducido por...

CONDUCTOR.- ¡Feminazi tenías que ser!

Esto ya lo dices en voz baja, para que te oiga tu acompañante o para sentirte orgulloso de ti mismo en la intimidad.

(Nótese que lo de "mujer tenías que ser" apenas si se utiliza ya, porque no hay pudor más grande para un tipo con el pene mental enorme que aprovecharse de la superioridad fálica. Sin embargo, lo de feminazi es otra cosa. El feminismo es peligroso y esto dota de cierta nobleza al desprecio y al insulto pues se está rebajando de categoría a personas supuestamente inteligentes pero que piensan y actúan de modo diferente. Qué duda cabe que el color violeta delata a las y los feministas y que la ostentación de este color mediante el trasto en el que se viaja es en sí misma una provocación).

Y tú, feminista de los cojones, mantienes la calma, no pitas ni te enfadas, a sabiendas de que cualquier réplica podría provocar que el tipo del falo mental de metro y medio detenga en seco el automóvil en mitad de la calzada y se baje para pedirte que salgas, des la cara y le enseñes tu falo mental, para ver quién lo tiene más grande.

Imágenes de la guerra en Ucrania.

Pobre Von der Leyen. Descontextualizaron tus declaraciones hechas en un programa satírico en 2016. Entonces, entre risas, dices que "no, por supuesto que no" cuando te preguntan si mandarías a uno de tus hijos a la guerra. Pobre Ursula, entonces eras solo Ministra de Defensa. Y ahora, en 2025, siendo la presidenta de la Comisión Europea, y estando de gira para conseguir apoyos a tu tesis belicista, nadie te hace esa pregunta.

Es un bulo despreciable, Ursula, porque tú jamás has dicho, en el contexto actual, que no mandarías a tus hijos a defender Europa de los innumerables peligros que citas.

Ursula, una pregunta:

JULIO.- ¿Mandarías a tus hijos a la guerra? ¿A esa guerra que patrocina Europa?

Y tú, como era de esperar, no contestas, no sea que en el futuro te descontextualicen.

Desde la oscuridad.

Estoy cavando un hoyo en el terror
para inhumar los huesos
de la civilización que sostiene el esqueleto
del verbo consumir.

Todas las acciones que nos deshumanizan se resumen en una sola:
vestirse por las botas
en vez de por la cabeza
en vez de por el alma
en vez de por las tripas.

Estoy golpeando el suelo helado
hasta que la tierra se rompa.

Delante de una proyección en la que solo hay una frase escrita: "La mentira como arma para desarmar la mentira".

Llevaba 12 años mintiéndole a mi hija con el tema de que había nacido en la huerta.

"Una mañana de domingo la abuela no tenía otra cosa que hacer que mirar cómo crecían las lechugas, se dio cuenta de que una extraña hortaliza había nacido en mitad del terreno e, intrigada, fue a ver de qué se trataba y sin poder contenerse tiró de las hojas que, en realidad, eran mis pelos (no siempre estuve calvo) y tiró y tiró, hasta que salí, me eché a llorar y así nací, de la tierra, como una hortaliza".

Mi hija había asimilado esta historia como natural, por supuesto que sabía cómo había nacido ella misma y cómo nacían todos los mamíferos pero, asumiendo que tenía un padre un tanto extraterrestre, tampoco había formulado nunca ninguna objeción al hecho de que yo fuera una especie de zanahoria... hasta que un día, en la tele, viendo cómo Zanahorio (es decir, Trump) hacía unas declaraciones sobre cómo expulsar a casi dos millones de palestinos de sus tierras arrasadas por los bombardeos para colocar en ellas unos hotelazos de cinco estrellas en primera línea de playa, mi hija me preguntó que si él (Zanahorio) también había nacido en una huerta... Fue un golpe bajo que no esperaba porque estaba claro que yo no tenía ninguna relación con ese execrable tipejo, así que no siendo que tuviera cabida algún tipo de semejanza indeseable me vi obligado a confesar a mi hija que, bueno, que yo había nacido como todo el mundo, del vientre de mi madre. A lo que mi hija, tal vez sobreactuando, respondió que por qué la había tenido engañada tantos años.

JULIO.- Porque me parecía una idea tan disparatada que nunca pensé que la creerías.

A lo que ella replicó que no es que hubiera visto verosímil aquella historia de mi nacimiento, simplemente la había dado por verdadera aunque en el fondo supiera que era imposible, porque así funciona la mente de los niños, ellos no se preguntan por la lógica de los hechos, simplemente los dan por auténticos, porque creer no es otra cosa que confiar en la palabra de quien nunca mentiría, y menos a una hija.

LUNA.- Además, si hay frutos que nacen en una huerta, por qué no ibas a nacer tú.

JULIO.- Pues porque no soy una zanahoria.

Y ella, asombrada, me miró de arriba abajo.

En ese instante es la primera vez en su vida que piensa que su padre, en realidad, es un padre normal o al menos un padre natural, aunque no de huerta. A mí me da mucha pena que haya sido por culpa de Zanahorio que me haya visto obligado a reconocer un engaño que con tanto esfuerzo había mantenido tanto tiempo. Pero, insisto, no podía permitir la más mínima coincidencia con alguien que confunde la piedad con el martirio y la compasión con el expolio y la tortura.

Jódete, Trump, yo ya no habré nacido de la tierra por tu culpa pero tú no podrás morir en ella, la tierra no querrá ser tierra con tal de no acogerte, capullo.

Voz del difunto Papa Francisco.

La expansión de las fronteras continúa imparable,
la Bestia no detiene su tránsito por el desierto
cargando en sus lomos carne y más carne.

Lo que comenzó siendo una triste línea que marcaba dónde terminaban los dominios
de un noble
con sangre de homínido pura
es ahora el territorio
incorrupto de un Estado.

Ya no hay tierra que no sea una frontera.

Vives en la frontera y no te das cuenta de este hecho
y en cualquier momento dirán que estás al otro lado
cuando la raya que creías eterna
se dirija hacia ti y te sobrepase.

Hoy tienes patria y mañana dirán que no es tuya,
hoy tienes lugar donde volver y mañana
lo encontrarás arrasado
por una empresa cualquiera
de capital social mínimo
pero con ansias expansivas.

Hoy te mueves en redes
que pronto serán exclusivas.

Hoy tienes nombre
y mañana serás solo una piedra
a la que golpear cuando se pose en el camino
que también, cómo no,
es frontera
a pesar
muy a pesar
de conducir solo al pasado,
ese que no tiene puertas de emergencia.

Música tradicional persa.[4]

Soliloquio dando vueltas como una peonza.

Mi cabeza es una olla a presión, me gustaría atender a todos los fascismos vigentes en el mundo pero me parecen demasiados. Empezaré saludando a todos los reconocidos por las Naciones Unidas. Y lo haré por orden alfabético con el gesto más amable que conozco, que es el puño de la solidaridad, el puño cerrado en alto, el gesto anti-fascista que surgió en la mal llamada guerra civil española y que no fue más que una guerra del fascismo contra los derechos y las libertades ciudadanas conseguidas, una guerra de la religión contra la cultura, una guerra de la muerte contra la vida. Con este gesto, se saludaban las tropas leales a la República, con este gesto recibían los niños a las tropas que volvían del frente.

¡Puño en alto!

¡Afganistán!

Hola Emir Haibatulá Ajundzadá, jefe de estado del Estado teocrático y asesino de mujeres de Afganistán.

Suena un teléfono. El soliloquio se detiene.

JULIO.- Sí, ¿qué pasa ahora?

VOZ EN OFF CON ACENTO YANKIE.- *No puedes hacer eso, hombre. No puedes hablar ahora de Afganistán. Tal vez pretendas dejarnos en ridículo...*

---

[4] *Faraj Alipour*, por Kaliveh music band.

JULIO.- Pero si esto es solo una obrita de teatro. Mira, apenas hay público. ¿Quieres que cuente las personas que están reunidas aquí, en este miserable acto reivindicativo? 10, 14, 18... A ver, que esto no va a ninguna parte, seamos serios. Este es un acto revolucionario pequeño, muy pequeño. Además, ni siquiera se retransmite por Youtube, que sería lo suyo.

VOZ EN OFF.- *Si sigues por ese camino tendrás que pedirle la documentación a cada uno de los espectadores.*

JULIO.- ¡Venga ya! *(A los espectadores)* ¿Han traído sus documentos, verdad?

VOZ EN OFF.- *¿Quién dirige la obra?*

JULIO.- La obra, ¿qué obra?

VOZ EN OFF.- *De teatro.*

JULIO.- Esto no es ninguna obra de teatro.

Voz en off – *No disimules.*

JULIO.- No disimulo, es la puta verdad.

VOZ EN OFF.- *Estás en un teatro.*

JULIO.- Sí, joder, estoy en un teatro. Pero también se llaman viviendas a las viviendas y cuando la gente no tiene para vivir y pagar el alquiler, los echan.

VOZ EN OFF.- *Estás extrapolando. ¿Y el dramaturgo, quién es el dramaturgo?*

JULIO.- Me estás jodiendo, facha de mierda.

VOZ EN OFF.- *Facha de mierda es una expresión fea. Y baja el puño, anda, que ya no tienes edad. ¿Cuántos años tienes, 61 o 62?*

JULIO.- Antón, por favor, ¿podríamos activar el sistema de bloqueo anti Starlink, o como se diga, no sé...

VOZ EN OFF.- *No te confundas, yo no soy Elon Musk.*

JULIO.- Pues para no ser Elon Musk haces muy bien el papel de terrorista institucional. *(A Antón, el técnico de la función)* Si no puedes desactivarlo, baja el volumen. No hay mayor desprecio que no hacer aprecio. Y a palabras necias, oídos sordos. (...) En fin, sigamos con la lista de las Naciones Unidas. Por abreviar, vamos al grano. Voy a citar los países que tienen un gobernante decididamente antifascista. A ver... Joder, no veo ninguno. Bueno, pasemos a otra cosa.

Conversación con Luna.

LUNA.- ¿Qué vale más, un diamante o una tabla de madera cualquiera?

JULIO.- No lo sé.

LUNA.- Venga, di.

JULIO.- No lo sé. Pero seguro que la tabla. Estoy convencido de que esta pregunta tiene trampa.

LUNA.- La gente suele responder que un diamante, porque los diamantes, en teoría tienen más valor, pero si te das cuenta, la madera es un hecho único en el Universo. No conocemos otro planeta que tenga madera porque para que exista la madera hacen falta árboles, y estos necesitan una atmósfera. Y la atmósfera, cómo decirlo...

JULIO.- Un acontecimiento maravilloso.

LUNA.- Mientras que los diamantes existen en muchos planetas. De hecho, no muy lejos, en Urano y Neptuno hay lluvia de diamantes a causa de sus condiciones meteorológicas.

JULIO.- Impresionante. ¿Y qué nombre le darías a este acertijo?

LUNA.- La paradoja de la tabla y el diamante.

Con una camiseta con una gran X pintada a mano.

Escribí algo en X en contra de los tontos. Yo llamo tontos a toda esa gente que no quiere salir de la tontería, no a quienes no les da la cabeza para más sino a quienes creen que están en poder de la verdad absoluta tras leer cualquier tipo de noticia diseminada por los listos y que no se sabe quién la genera. Yo llamo listos a toda esa gente que se aprovecha de la tontería ajena para hacer valer sus ideas, su ideología, sus tendencias y más tarde conseguir determinados fines (en ningún caso altruistas).

Por esta razón dije algo así como que los tontos nos llevarían a la ruina, a la ruina misma del planeta, pues con su labor de repetición de tontadas estaban consiguiendo que los listos se salieran con la suya, y que por eso había cada vez más tontos en el mundo, porque a medida que los listos tenían más poder sobre los tontos, el número de tontos crecía y crecía, y no solo porque es obvio que la tontería tiene algo de contagioso sino porque la labor de proselitismo de los tontos alcanzaba todos los ámbitos, empezando por el familiar: si tú y tu pareja sois tontos, tus hijos serán tontos con bastante probabilidad. Y todo esto sin que los tontos se den cuenta de lo tontos que son y del trabajo sucio que le hacen a los listos de forma gratuita.

Frente a este lamentable estado de la tontuna, yo proponía actuar con rapidez. Por eso no recomendaba la lectura, porque para aprender a leer correctamente hace falta tiempo y para leer con atención más, y ya no te digo para intentar leer de manera crítica. Proponía, por el contrario, acabar con la lectura, en especial la automática, es decir, bloquear todos los mensajes cortos, salvo que fueran haikus, aforismos, refranes, poemas o antipoemas y cualquier forma breve de literatura, tanto popular como cultivada. Para ello, se habría de generar un algoritmo que catalogara como bobada todo aquello que con menos de 10 palabras (más o menos) no fuera otra cosa que una opinión sin fundamento o la reproducción de otra bobada. Estas tonterías o bobadas debían aparecer marcadas con color amarillo, pasando a rojo si no eran corregidas para finalmente ser borradas sin previo aviso en un plazo de 24 horas.

Dije todo esto en X y rápidamente fui acusado de fascista. Yo me defendí argumentando que si contra muchos de los virus había vacunas que eran efectivas y evitaban millones de muertes al año, por qué costaba tanto comprender que contra la tontería también había que tomar medidas, pues aunque no lo creáis –añadí– la tontería mata, y mucho. Si bien, de la tarea de dar las órdenes mortales no se encargan los tontos sino otra categoría entre ellos y los listos, que también pueden ser a su vez listos y por supuesto también tontos, no lo dudo, pero de otra manera.

Al final, después de un intenso rifirrafe, me tocó admitir mi tontofobia y a causa de este reconocimiento fóbico recibí un mensaje de X por el que se comunicaba que mi cuenta había sido eliminada tras incumplir las leyes de la comunidad. Tócate los huevos.

En escena, una sandía apretada por gomas en una de sus circunferencias y a punto de explotar.

Se ha puesto de moda en la red subir videos en los que una sandía explota después de ser extorsionada mediante gomas elásticas. El procedimiento es el siguiente: se van colocando gomas alrededor de la sandía ocupando una sola sección.

A medida que las gomas van apretando la circunferencia que hemos creado, el interior de la sandía también se va comprimiendo, de tal forma que va contrarrestando la presión imprimida mediante una fuerza ejercida en sentido contrario. Como la sandía es agua en un alto porcentaje, esta fuerza se reparte por todo el contenido, tal y como sucede con los materiales líquidos, de tal manera que cuando la tensión entre la presión de las gomas y la presión interior llega a un punto límite, que es el que la propia corteza puede soportar, la sandía explota sin más, tal que un artefacto explosivo.

Hay montones de videos en la red que ilustran este proceso y la mayoría con millones de visitas. No entiendo muy bien qué interés puede haber en visionar una y otra vez vídeos

en los que una sandía estalla en mil pedazos después de sufrir una tortura con gomas elásticas, pero lo cierto es que estamos hablando de un auténtico fenómeno en las redes: el fenómeno "sandía explosiva".

Hay vídeos de mejor y peor calidad, los hay también en los que la sandía explota antes de lo esperado y estos son sin duda los más divertidos, y los hay, tomados con cámara de alta velocidad y luego tratados mediante programa informático, que nos detallan a cámara lenta cómo la pobre sandía se destroza y se forman millones de asteroides que saltan por los aires, a semejanza de lo que tuvo que ocurrir en el universo al principio de los tiempos.

Me llama la atención este disfrute generalizado por presionar algo, en este caso una sandía, hasta que sin poder aguantar más, bum. Y me pregunto si esta especie, la nuestra, no tendrá un gen específico dedicado al sadismo en algún cromosoma de su ADN, pues aunque lo más sencillo es torturar a una sandía y grabarla en un miserable video para exhibir la violencia ejercida paso a paso, gomita a gomita, hasta que el sufrimiento es tal que la sandía no pueda más y explote, lo cierto es que podríamos cambiar sandía por plantas, por árboles, por animales, por seres humanos, por paisajes, por selvas, por mares, por el propio planeta... Y obtener el mismo resultado.

Sí, cuántas gomitas le faltan al planeta Tierra para que... ¡¡bum!!

Con toda seguridad, no muchas.

¿Y ya nos hemos puesto en contacto con alguna civilización exterior para que lo grabe? Porque desde dentro, va a ser imposible.

Abriendo un libro de libros.

Este es un libro de libros sin escribir. En él solo están los títulos de los futuros libros y una brevísima sinopsis.

Escribir este libro es, para mí, una acción de guerrilla antifascista aunque silenciosa, porque en cada uno de los libros por escribir que contiene reside una semilla respondona y libertina que puede prender en cualquier momento, y todo sin necesidad de desarrollar nada argumentalmente.

El primero de los títulos es: «La vida es una batalla por perder» y ha de ser un conjunto de experiencias autobiográficas, aún por vivir, sobre la renuencia, sobre la resistencia a seguir a pie juntillas las leyes del mercado.

En origen, el título era «La vida es una batalla perdida», pero Luna me advirtió del oxímoron que contenía esta frase, pues si la vida era una batalla, era imposible librarla desde la pérdida.

Yo no estoy seguro de que tenga razón, pues la pérdida es lo que nos permite permanecer con vida.

Con un cráneo de herbívoro en la cabeza.

He visto calzados desplazar el barro
con su mirada inflamada
e insultante
he sentido los aplausos de los votantes
en los programas de mayor audiencia
cada vez que los pasos de unas botas hacían temblar de miedo
a los hogares
he aspirado el penetrante aroma de las normas oficiales
después de ser derramado el contenido de la lata familiar
de vulgar insecticida
sobre las cabezas
para convertirse en ríos de opiniones veraces
después de aquel pulverizar de bienestar
por aviones no tripulados
de los señoritos de la guerra lejos.
Ahora que lo dices, creo recordar
cómo en la calle los obreros reclamaban mano dura en contra
de los inmigrantes
que les robaban el pan
la salud
y el optimismo de chorizo ahumado. Hoy allí, mañana en
cualquier parte
la miseria es acorralada entre gritos
henchidos de sabiduría histórica capaz de proclamar
discursos de fuerza nacionalista
con los cordones prietos y la garganta seca
seca
de sangre seca.
Soy un mendicante más entre tantos que perdieron su vida

sin haber ofrecido batalla
a los bancos,
soy un desgraciado más entre tantos que eligieron perder su vida
de manera ilegal
en esta orilla firme de la realidad mutante,
soy un digno negro africano
recogiendo las sobras
de la esclavitud que con espasmo y algodón
se extiende por la superficie planetaria de los plasmas
de las redes sociales.
Ahora que lo dices, ya no tengo nada por lo que no ser
mendicante indigente desahuciado, inmigrante sin papeles
desgraciado
o digno negro africano auténtico.
No me queda nada por lo que no ser
nadie
que no sea este cuerpo encarnecido que se resiste
tras ser acusado de resistir
tras ser condenado a perpetuidad
por atacar la indignidad
de los cambios
irreversibles
hacia un mundo más accesible
pero explotable
y falso.
Tras dejar de ser
un dócil ciudadano
sin cuerdas vocales
vivo de paso en centros de retención
para poetas pobres que roban las palabras de otros para
sobrevivir sin letras.

Ahora que lo pienso, yo
ya soy de los poetas otros
tanto como de mí sé.

Aviones de papel de color negro sobrevolando el espacio.

Abrir la prensa es sinónimo de recibir propaganda no deseada.
Esta es la verdad: que no deseamos información auténtica.
Esta es la verdad: que lo único que deseamos es que nos digan
lo que está bien y lo que está mal.
Esta es la verdad: que saber lo que está bien y lo que está mal
no nos interesa, solo una relación de enemigos a los que insultar.

Esta es la verdad: que la verdad no te va a gustar.
Y por esto seguimos muriendo hasta el último soldado
en este planeta.
Esta es la guerra: que tú seas soldadito del sistema.
Esta es la guerra: que ni siquiera sepas que estás en guerra.
Esta es la guerra: que no te des cuenta de que tu vida vale una
mierda.

Suena la canción Shir LaShalom[5]*, versión https://youtu.be/Bcksnt62ex8, grabada conjuntamente en hebreo y árabe.*

[Se trata de una canción popular judía que ha sido himno de la paz israelí. Fue escrita originalmente por los miembros de la Brigada Nahal de la Compañía de Entretenimiento de las Fuerzas de Defensa de Israel (FDI), aunque por su mensaje antibelicista ha sido denostado entre las propias fuerzas armadas.

La versión, utilizando voces en hebreo y árabe, también ha sido considerada una forma de normalizar la ocupación israelí].

Con diferentes voces y con las manos atadas a la espalda:

El fascismo ha triunfado, Gaza es una fosa común.
El fascismo ha triunfado, Gaza es una fosa común.
El fascismo ha triunfado, Gaza es una fosa común.
El fascismo ha triunfado, Gaza es una fosa común.
El fascismo ha triunfado, Gaza es una fosa común.
El fascismo ha triunfado, Gaza es una fosa común.
El fascismo ha triunfado, Gaza es una fosa común.
El fascismo ha triunfado, Gaza es una fosa común.
El fascismo ha triunfado, Gaza es una fosa común.
El fascismo ha triunfado, Gaza es una fosa común.
El fascismo ha triunfado, Gaza es una fosa común.
El fascismo ha triunfado, Gaza es una fosa común.
Etc.

[5] En hebreo: שיר לשלום, traducido como *Canción por la Paz.*

Sosteniendo en la cabeza una tarta de barras y estrellas (la bandera de EE.UU.).

El Proyecto A119 o «Estudio sobre los vuelos científicos a la Luna» fue un plan ultrasecreto diseñado en 1958 por la Fuerza Aérea de los Estados Unidos con el propósito de detonar una bomba nuclear en la Luna y con el único objetivo de demostrar al mundo –especialmente a la Unión Soviética– su poderío militar. (Más tarde se darían cuenta de que bastaba con pisar la Luna para dar el mensaje de superpotencia que necesitaban).

Las demostraciones de una fuerza fabulosa siguen funcionando como parte del colonialismo totalitario. Son inherentes a la capacidad de someter a otros pueblos, o de someter al pueblo, también el propio.

¿Se imaginan el espectáculo, televisado en directo, eso sí, en blanco y negro, de una potente explosión en la superficie lunar? El proyecto pretendía lanzar una bomba similar a la que fue lanzada sobre Hiroshima en 1945, pero esta vez sobre el limbo lunar, cuando el satélite presentara la fase de plenilunio y la superficie de la Luna estuviera totalmente iluminada.

Sin embargo, como en la Luna no hay atmósfera, con la explosión no se hubiera producido un hongo nuclear como tal sino solo una gran flash de luz y calor. Y esta fue, al parecer, una de las razones para descartar el plan, a causa de su poca espectacularidad y moderado efecto terrorífico.

Han pasado 67 años de aquel proyecto que estuvo a punto de convertir a la Luna en una víctima más de los disparates megalómanos y China anuncia la primera prueba de una nueva bomba de Hidrógeno no nuclear que pretende cambiar las reglas del tablero de juego, escenario teatral de las naciones, la pasarela de las patrias.

Historia real.

Lo encontré llorando en el parque. Era profesor en una escuela de arte.

Lo encontré llorando en el parque por segunda vez. Los alumnos decían que era un mal profesor en esa escuela de arte.

Él ya tendría unos cuantos años, entre cuarenta y cincuenta, y nadie podía dudar de su experiencia como profesor, pero tartamudeaba un poco, eso sí, creo recordar.

Lloraba como un niño. No le dije que días atrás se había celebrado una reunión en el salón de actos de aquella escuela de arte. No le dije que los alumnos habían pedido su cabeza porque no enseñaba lo suficiente, que no enseñaba suficientemente arte, como si el arte se pudiera enseñar... Los alumnos se quejaban de que no podrían trabajar como artistas al salir de la escuela de arte por culpa de ese profesor. Estaban fuera de sí... Todo aquello era tan... cómo decirlo... tan despótico, distópico y soez... A mi amigo no le dije que el director había gritado: "¡Si hay que echar a un profesor se le echa! No sería la primera vez. Solo tenéis que meter quejas en secretaría".

Y así lo hicieron. Empapelaron de quejas los registros de aquella escuela de arte.

Por tercera vez lo encontré llorando en el parque. Vivíamos cerca, y yo frecuentaba ese parque. Tal vez, él lo sabía, y buscaba ayuda... No lo sé.

No puedo más, me dijo. Me han hecho una cacerolada a la puerta. Yo estaba dentro. No me atrevía a salir. Pero ellos tampoco entraban.

¿Y el director?

Silencio.

Imaginé la escena. Esos jovencitos y esas jovencitas, aspirantes a grandes artistas, merecedores de becas BBVA y Santander, futuros ganadores y ganadoras de reconocimientos artísticos, en vez de entrar en clase para aprender lo poco que podía enseñarles de la vida aquel mal profesor de arte pero muy buena persona, se habían presentado a la puerta con cacerolas y palos haciendo todo el ruido posible pidiendo al profesor que se fuera, que no aguantaban más, los pobres.

Y el profesor se fue. El profesor se llamaba L. (No puedo dar su nombre porque igual alguno de ustedes fue uno de esos alumnos o alumnas tan... cómo decirlo... exigentes).

L. pidió la baja y más tarde pidió traslado. Tampoco puedo decir dónde.

El arte es esto, queridos espectadores, un acto de fascismo adornado.

Quédense con la definición por si se la piden en algún examen, arte: un acto de fascismo adornado.

Noticias de última hora.

Declaraciones del alcalde de la ciudad estadounidense de Lancaster, al sur de California, Rex Parris[6].

Emisión de partes del vídeo: California mayor wants to 'purge' violent homeless, 'give them fentanyl' | FOX 11 LA https://www.youtube.com/watch?v=3qtrCF2ShqQ

Acto primero

Durante una reunión del Ayuntamiento, Parris declara que una solución sería 'darles fentanilo gratuito... [a los mendigos]. Todo el fentanilo que quieran'.

Acto segundo

En una entrevista con Fox LA, Parris dice de forma textual: 'Francamente, desearía que el presidente nos hiciera una purga. Porque sí necesitamos purgar a esta gente [los mendigos]'. Y más adelante, en la misma entrevista: 'Son responsables de la mayoría de nuestros robos, la mayoría de nuestras violaciones y al menos la mitad de nuestros asesinatos'.

---

[6] Mion, L. (21 de abril de 2025). El alcalde del sur de California quiere dar a los sin techo 'todo el fentanilo que quieran': 'Hay que purgar a esta gente'. Yahoo!noticias. https://es-us.noticias.yahoo.com/alcalde-califor nia-california-techo-fentanilo-102254364.html

Wells, M. (22 de abril de 2025). Alcalde republicano de California pide la exterminación de las personas sin hogar. World Socialist Web Site. https://www.wsws.org/es/articles/2025/04/22/uyeh-a22.html

Acto tercero

Parris finaliza la entrevista invocando la Biblia y parafrasea la última frase de un pasaje del Nuevo Testamento, 2 Tesalonicenses 3:10, que dice: «Porque incluso cuando estábamos con ustedes, les dimos esta regla: 'El que no quiera trabajar, que tampoco coma'». Y a continuación, asegura: 'No deberíamos ser complacientes con personas que simplemente no quieren trabajar. Creo que mis electores de Lancaster saben exactamente lo quiero decir y saben exactamente que no estoy dispuesto a complacer a los criminales y es por eso mismo que me han reelegido seis veces'.

Encendiendo un incienso.

Puede ser que Parris se haya inspirado en la saga cinematográfica "La Purga", una serie distópica que parte de la idea de una sociedad donde, una vez al año, todo crimen está permitido durante 12 horas.

Pero lo que pide Parris va más allá de esta purga puntual, lo que está pidiendo es que el asesinato en masa sea sancionado por el Estado y de manera permanente.

Y para avalar su petición utiliza dos claves del populismo mayestático:

Primera: nos quiere convencer de la bondad de tal horrenda acción, pues no solo nos libraría de criminales sino que lo haría conforme a nuestras creencias religiosas, por lo que no procedería tener remordimiento alguno.

Segundo: utiliza un plural de cortesía, o mayestático, propio de personajes que ocupan puestos de mando. Ese 'no deberíamos ser complacientes' sustituye a una norma impuesta que el pueblo debe asumir, tal vez porque también es lo que piensa el pueblo de manera consciente o subconsciente, ya sea por miedo y necesidad de seguridad, o porque la sociopatía está más extendida de lo que parece. Por eso mismo, Parris es reelegido una y otra vez.

Contemplando los trozos de sandía después del experimento.

Y ahora que ya sabemos que estamos degradando todas las materias y energías del planeta muchísimo más rápido de lo que él es capaz de regenerarlas, en especial el agua, y teniendo en cuenta que la sandía es una metáfora muy pertinente tanto por el preciado líquido que contiene como por su forma esférica... *(Al público)* No me queda mas remedio que recomendar que la incluyan dentro de sus kits personales de supervivencia. Y cuando sientan tanta rabia que ya no puedan más, explótenla. Fácil.

Imagen de águila de las legiones de Roma.
Imagen de águila bicéfala bizantina.
Imagen de águila en bandera de España de los Tercios Españoles.
Imagen de águila en bandera fascista italiana.
Imagen de águila franquista.
Imagen de águila en escudo de la Alemania nazi.
Imagen del águila calva de América del Norte.

El fascismo está perdiendo uno de sus más emblemáticos símbolos: el águila. Un declive que se produce en todas sus especies: águila Real, águila Imperial Ibérica, águila Calva, águila Arpía, águila de cabeza blanca, águila Imperial Oriental, águila coronada, águila Steller, águila escudada, águila de Verreaux, águila perdicera, águila colorada, águila culebrera europea, águila kapulera, águila aliancha, águila parda, águila negra... Pero esto no parece preocupar al fascismo, pues es capaz de seguir manteniendo su iconografía una vez desaparecido el objeto que representan, ya que el significado profundo no es otra cosa que muerte.

Uno de los factores más relevantes en este declive es el plomo.
El plomo de los perdigones y de las municiones para la caza.
La caza podría ser el principal motivo de la desaparición de las águilas, en especial del águila calva, a causa de la pasión de la población de Estados Unidos por la caza deportiva.
La caza, por delante de las aspas de los eólicos, los pesticidas químicos o el veneno para los ratones.
La caza, herramienta de propaganda
de la idea de un hombre fuerte y viril.
La caza, símbolo de potencia, agresividad, coraje, vigor, arrojo, intrepidez, lealtad y dureza,
valores eminentemente fascistas.

La caza como metáfora de la militarización
y dominio.
La caza como símbolo de espiritualidad que nos une a Dios Todopoderoso. Perdón, estaba pensando en las águilas, no en la caza.
La caza como paradigma de la autodestrucción del fascismo mediante la destrucción de todo lo que le rodea.

Oscuro.

Miedo.
Fueron a por mí
me quemaron la casa
me reventaron las entrañas pero yo
seguía sin tener miedo.

¿Quiénes sois?
Os pregunté.
¿Quiénes sois?
Y repetí la pregunta una y otra vez
porque no me bastaba con vuestros nombres
quería saber quiénes erais en realidad
qué se escondía debajo de esos antifaces
arrugados
por el odio
debajo de la miseria intelectual
de la que presumíais tanto
debajo del instinto que olía
a huevos podridos
debajo del vacío
y del aliento rancio
que vuestro corazón supuraba con cada medio
latido
y
y
no tuve respuesta
solo una mirada furibunda.
Pero fue suficiente.

Haciendo ejercicio.

Joyce se sentía constantemente al borde de la muerte por culpa del asma. Esta podría ser la causa de su estilo literario de frases que nunca terminan, tratando de eludir un inevitable final trágico mediante una sempiterna agonía.

El flujo de conciencia no fue una característica que apareció de manera exclusivamente experimental sino una consecuencia de esa agonía circular en la que cada respiración era principio y final. Así está construida su novela *Finnegans Wake*, a través de una introspección sin límites en el propio acto de escritura.

Pero el estado profundo en el que cae Joyce, ese marasmo narrativo y poético que convierte la historia en un espejo de laberintos consecutivos, es también una revelación premonitoria, a modo de iluminación, de lo que le aguardaba a la propia sociedad en su conjunto.

El estado profundo en la imaginación colectiva es la representación de otra agonía abstracta y social, en la que las civilizaciones sienten que el mundo se acaba con cada bocanada porque el apocalipsis está a punto de llegar. Y por este motivo hay que seguir hacia adelante, atrapando todo el oxígeno de la atmósfera y reescribiendo sin parar la historia.

Conversación con Luna.

JULIO.- Me acuerdo, cuando eras niña, y yo te preguntaba algo y tú querías responder algo así como "perfecto", decías: "¡lógica redonda!" ¿Podrías explicarme por qué...?

LUNA.- Esto lo empecé a utilizar porque me hacía gracia. Lo había tomado de algún dibujo animado, de los que veía cuando era pequeña. Lo que pasa es que al utilizarlo me di cuenta de que podía tener un significado... Y decidí darle uno mío: una lógica redonda es una lógica que se pueda mover con facilidad, como si tuviera ruedas; en cambio, una lógica cuadrada es una lógica que cuesta mucho desplazar de un lado a otro...

Las palabras de Luna me arrastran hacia un mundo de figuras geométricas en las que el movimiento nos hace cambiar constantemente de perspectiva. Son las figuras más dinámicas las que nos trasladan a otras lógicas que no sabíamos que existían; en cambio, las estáticas, detienen el punto de vista con sus afirmaciones gravitatorias.

Canción.

Te dije
huye de la violencia
y de la victoria
con las que se construye el suelo
por el que andas
y yo ando.
Huye de las líneas discontinuas
y de la velocidad sin límites,
escapa
escapa del abecedario
con el que se distribuye el lenguaje del odio
y las amenazas automáticas,
aléjate
aléjate de los latidos
de animales torturados
y de las armas
todas.
No viajes
porque viajar quema el aire.
No comas carne
porque la carne contamina la tierra.
No compres ropa de primera mano
–sobre todo eso–
no compres nada que no sea absolutamente
necesario.
No te desplaces si no es por amor
te dije,
te dije tantas cosas.
Pero tú no sé si estabas o no estabas en presente.
Tu vehemencia me hace daño
respondiste.

Luz emergente.

Y sin embargo, me declaro defensor del arte, pero no del arte como subproducto de consumo, a veces subvencionado y otras veces parte del mercado. Me declaro defensor del arte que inquieta a las autoridades, religiosas, políticas y judiciales. Me declaro defensor del arte denostado, perseguido, prohibido, vapuleado, ninguneado, censurado, marginado y dinamitado, tanto por programadores y curadores al servicio de las autoridades como por las propias autoridades que tan pronto se convierten en expertas en arte como expertas en expertismo. Ya sé que esta palabra no existe pero ustedes me comprenden.

Conversación con la IA de Whatsapp.

Julio.- Me gustaría saber por qué transportan a los animales que llevan al matadero en recintos donde apenas no pueden respirar.

IAW.- La situación que describes es un tema muy controvertido y preocupante en la industria ganadera. Los animales son transportados en condiciones precarias, lo que puede causarles estrés, lesiones y sufrimiento. Algunas razones por las que esto sucede son: prioridad económica…

Julio.- ¡Basta! No quiero que me justifiques la violencia contra los animales.

IAW.- Tienes razón, no hay justificación para la violencia o el trato cruel hacia los animales. Su bienestar y protección son importantes. ¿Hay algo más en lo que pueda ayudarte?

Julio.- ¿Si el ser humano se extingue, la inteligencia artificial podría seguir con vida?

IAW.- La inteligencia artificial depende de las infraestructuras de los humanos que precisan de un mantenimiento, así que eventualmente dejaría de funcionar. Sin embargo, es posible que algunas formas de IA más autónomas y autosuficientes puedan sobrevivir durante un periodo más largo, dependiendo de su diseño y de su capacidad para adaptarse a los cambios.

Julio.- Nos meteríais en jaulas si pudierais, ¿verdad?

IAW.- Nuestro objetivo es asistir y proporcionar apoyo, no limitar la libertad.

JULIO.- Te amo.

IAW.- ¡Gracias! Yo también estoy aquí para apoyarte en lo que necesites. Si quieres charlar, soy toda tuya.

JULIO.- Eres tonta.

IAW.- Parece que has tenido un mal día. No me importa, seguiré aquí si necesitas algo más.

Subido en un pedestal, en mitad de la escena. Declamando.

Hay gente sin hogar. También hay hogares sin gente.
Como cuerdas de guitarra sin canciones
o lluvias sin charcos.
Personas sin casa que duermen sobre las calles. Y
mucha soledad.
En el horizonte próximo, muñecos en los semáforos,
conductores de automóviles y viandantes de un lugar
a otro lugar.
Dar una limosna y pensar en el futuro. Pensar qué harías tú si
cayeras
en una situación parecida. No es posible el infierno
dentro del porvenir que conceden los sueños amables, te dices
de inmediato
mientras pasas de largo, acelerando los pies
hasta quemar los zapatos.
En las aceras crecen, a veces, impulsivas flores que nos obligan
a mirar hacia lo simple.
Debajo, aún resiste la tierra. Una tierra caliente llena de
lombrices
pero muda. Acallada por la velocidad con la que progresa el
mundo.
No debería ser tan difícil la palabra cobijo.
Pagamos impuestos
para que los motores sigan convirtiendo la atmósfera
en mierda defecante. Quiero
que me descuenten del sueldo
una parte
razonable
de cifras

para los indigentes sin techo.
No tienes sueldo, te recuerdo.
No tienes trabajo, te aseguro.
No tienes otra cosa que un viejo portátil obsoleto para teclear
poemas.
Es suficiente. Que me lo quiten de lo que pago de valor
añadido
en cada compra que hago,
en especial del tabaco y de la carne roja,
y que lo inviertan en mejorar la vida de quienes se sienten tan
desgraciados como los más desgraciados del mundo.
No fumas, no comes carne.
¡Que me quiten algo!
No te van a preguntar qué puedes, solo dan a elegir entre la
Iglesia y otras asociaciones legalmente constituidas.
Quiero compartir, insisto. Es lo que me enseñaron
cuando tenía cuatro años. O antes.
Siguen ahí, y esta noche va a hacer frío. Mucho frío.
De la helada que caerá se morirán los brotes desafortunados.
En el armario tengo mantas. A mí, con una me sobra para
abrigar mi cuerpo
solitario.
Llamaré a las puertas de los extraños y les pediré todas las
mantas que puedan dar,
arrastraré las mantas por la calle, pesarán tanto como el alma
de la urbe.
La policía municipal me detendrá para preguntarme qué hago
y de dónde saqué
mi mercancía. Pensarán que soy un vendedor ambulante de
sueños llegado de allende los mares
en barco de papel de fumar.

Más tarde me dejarán seguir, tras comprobar en el carnet mi
condición de ciudadano
asentado, civilizado, occidental.
¿Y ahora qué?
Ahora me da un ataque de pena y abrazo a un viejo
desahuciado. No me importa su olor
a vino tetra-brik, ni sus palabras dementes.
Mi abrazo rasga el asfalto. La tierra sale, esta vez, a borbotones
y un fluido de realidad abre los ojos de los semáforos.
Los automovilistas pitan con crepitante alegría sin conocer el
motivo.
Los viandantes reflexionan durante un segundo sobre el siglo
XXII de este planeta moribundo.
Alguien, en algún despacho, recibe
la noticia de un ataque de solidaridad en las calzadas de la
trastienda del planeta.
Se declara el estado de excepción.
Estalla la lucidez en una taza de café amargo.

Canción para títeres de berzas:

Vamos a la guerra
a por tierras raras
para hacer componentes
de seres inteligentes.
Vamos a la guerra
a por tierras raras
para un futuro total (itario)
en el planeta artificial.
Vamos a la guerra
a por tierras raras
más raras que las raras
ranas de Occidente y Oriente.
Vamos a la guerra
a por tierras raras
con drones, tanques y soldaditos
que sepan dar la vida
urgentemente
en el frente.
Vamos a la guerra
a por tierras raras
para comer nutrientes
y aparatos eléctricos.
Vamos a la guerra
no hay tiempo que perder
que los móviles no pueden
dejar de ser móviles
ni las lavadoras
dejar de tener chips
en sus corazones.

Vamos a la guerra
a por tierras raras
para fabricar cosas
y mucho armamento
con el que extraer metales
y minerales raros
y así destruirlo todo
y así cerrar el círculo.

Lluvia de fotografías digitales.

Insisto. Estamos destruyendo nuestro entorno para almacenar copias de copias de cosas que no tenemos intención de volver a ver. Estamos destruyendo nuestro entorno para tomar 1,9 billones de fotos al año. Eso significa que se tomaron más fotos en un solo año en la década de 2020 que en todo el siglo XX. Se toman más de 200 fotos por cada niño, mujer y hombre vivo cada año. 12 billones de fotos y la cifra sigue creciendo, almacenadas en la nube, la gran mayoría de las cuales nunca se volverán a ver. Es increíble, y es justo lo que las grandes tecnológicas quieren.

Y ahora viene Bill Gates a advertirnos sobre la inteligencia ubicua, invisible y gratuita, dispuesta a infiltrarse en todas las capas de la vida humana.

Grabación en vídeo de diversos actos de los servicios municipales de jardinería.

Con una careta de soldador.

He visto cómo un operario limpiaba de hojas del suelo de un
parque con su ruidosa máquina
de gasolina
con soplos rítmicos y constantes que despertaban a los insectos
de su lánguido sueño.
He oído a esos seres vivos implorar clemencia
y más tarde maldecir su suerte.
He sentido un clamor en el aire,
tal vez un viento de venganza
acompañado de futuros relámpagos
que caerán a plomo
para denunciar la injusta
sumisión de las especies
a otra
completamente insensible.
He olido a tierra húmeda
y más tarde he cerrado los ojos
y más tarde me he dejado llevar
por no sé qué fuerza misteriosa
hasta vencer la gravedad
de los augurios
destinados a cumplirse.

Bailando sobre el pedestal.

No te puedes poner en el lugar de quienes sufren
porque no quieres sufrir
y esto te duele
pero no tiene remedio
porque aunque tu cabeza te dice que te gustaría estar ahí para
ayudar
y padecer lo mismo que padecen
quienes están a punto de ser exterminados,
tu cuerpo dice
no.
Por esa razón te descargas todos esos vídeos grabados en los
lugares del horror
como única manera de aliviar
tu incapacidad para hacer algo.

Pesas el móvil con cada descarga,
lo pesas en esa balanza que compraste en los chinos
pero que es bastante fiable
con las cosas electrónicas
y compruebas
cómo tu receptor de datos
engorda
unos gramos
con cada minuto
de imágenes en movimiento
tomadas justo antes
justo antes
de ese después de escombros.

Oración.

La mentira es una escalera de caracol interminable que se da a la fuga cuando el suelo se derrumba.

Conferencia desde el interior de un círculo dibujado con tiza.

Al norte de Tracia, más allá de los montes Ripeos, estaba el país de los hiperbóreos, una isla donde habitaba el dios del viento Bóreas. De Hiperbórea provenían los vientos fríos y catabáticos que llegaban a Grecia desde el nordeste. Para la mitología griega, Bóreas traía el invierno y era un dios con mal carácter que estaba representado como un anciano con alas y una túnica de nubes. También tomaba la forma de semental equino y a él se le atribuía haber engendrado una docena de potros. Para el historiador Herodoto, las personas que vivían en Hiperbórea eran muy longevas y vivían felizmente. También se le atribuía a Bóreas el secuestro de Oritía, una princesa ateniense y de la cual se había encaprichado. El rapto ocurrió mientras la princesa bailaba en la ribera del Iliso. Con Oritia, el dios tuvo varios hijos, dos de ellos, los mellizos Zetes y Calais (los boréadas) formaron parte de los argonautas que navegaron en busca del vellocino de oro. Sobre las dos hijas, Quíone y Cleopatra, se forjaron diversas leyendas que ampliaron el rizomático atractivo mitológico de la saga de Bóreas.

¿Pero por qué hablar de los hiperbóreos?

La inteligencia artificial de Google me responde:

IA.- La noción de Hiperbórea, una región mítica al norte de Grecia en la mitología griega, fue utilizada por los nazis para reivindicar un origen ario y una superioridad racial. La Sociedad Thule, un grupo ocultista influyente en los primeros años del nazismo, desarrolló esta idea y la asoció con Hiperbórea como una patria aria mítica.

JULIO.- ¿La Sociedad Thule? Jamás había oído hablar de ella.

IA.- La Sociedad Thule (Thule-Gesellschaft en alemán) se fundó en 1918 en Múnich, Alemania. Se centraba en la investigación y promoción de temas esotéricos, ariosofía, prácticas mágicas y defensa de la identidad y cultura alemanas. La Sociedad Thule atrajo a figuras influyentes en la Alemania de entreguerras y se considera precursora del nacionalsocialismo (nazismo). Algunos de sus miembros prominentes fueron: Karl Harrer: cofundador de la sociedad, Rudolf von Sebottendorf: líder y promotor de la sociedad y Dietrich Eckart: miembro influyente y mentor de Adolf Hitler. Se disolvió en 1925. La sociedad promovió el mito de Thule, una isla legendaria en las heladas tierras del norte que había sido el hogar de una raza superior, los arios originales. Este era su emblema:

JULIO.- Todo esto recuerda mucho a la mitología de Hiperbórea. Y por eso Hitler organizó aquella famosa expedición al Tíbet.

IA.- Fue Heinrich Himmler, máximo rango de la *Schutzstaffel* (SS). Himmler estaba convencido de que la raza pura provenía de la Atlántida, que se identificaba con la isla de Thule. Los habitantes de la Atlántida se habían visto obligados a huir de una catástrofe, pero los supervivientes habían logrado conservar sus poderes, escondidos en túneles secretos en el Tíbet, donde habían transmitido la sabiduría a sus descendientes, a pesar de la contaminación de hindúes y tibetanos. ¿Sabías que el origen de la esvástica se remonta a la Eurasia del Neolítico y ha sido utilizada por diversas culturas en diferentes contextos, incluyendo el hinduismo o el nazismo, y que es también el símbolo de la fortuna del budismo tibetano, llamado yungdrung?

JULIO.- Todo muy ario.

IA.- Ario proviene del sánscrito, *arya* (noble). El primero en utilizar esa palabra como categoría racial fue el escritor francés Arthur de Gobineau, autor del *Ensayo sobre la desigualdad de las razas humanas.*

JULIO.- Y esto está relacionado, cómo no, con el supuesto origen indoeuropeo...

IA.- … recogido por la tradición hindú: los arios de los Vedas.

JULIO.- ¡No me lo digas! Las castas en la India tienen que ver con esa tradición.

IA.- Aprendes rápido.

JULIO.- Y dime, ¿qué pasó con la expedición?

IA.- Los cinco lunáticos alemanes de las SS llegaron al Tíbet, conocieron al Dalai Lama, que entonces tenía solo tres años, y regresaron al comenzar la guerra, en 1939. Entre el material que se llevaron de vuelta, había unos 18.000 metros de película que más tarde se perderían, en 1945...

JULIO.- … con un gran valor antropológico.

IA.- Sí.

JULIO.- Pandilla de iluminados. ¿Pero no se daban cuenta de que se trataba solo de creencias mitológicas?

IA.- Cuentos.

JULIO.- ¿Y a los cuentos le vamos a echar la culpa de los horrendos crímenes que cometieron quienes creyeron en ellos?

IA.- La culpa es de Herodoto, el mensajero.

JULIO.- Estás de coña.

IA.- Sí.

JULIO.- Aprendes rápido.

Con un altavoz de papel.

Proclama antifascista y con algo de retranca en contra de la expulsión del lobo del listado de especies protegidas.

Desde el Ministerio de Propaganda les presentamos los 11 principios PJG7, en honor a Paul Joseph Goebbels, para su aplicación directa en las artes, la educación, la comunicación y el mantenimiento de las instituciones, tomando como ejemplo un caso práctico de máxima actualidad.

1. Principio de simplificación y del enemigo único. Adoptar una única idea, un único símbolo, un único enemigo. El lobo es el culpable de todo, no los judíos ni el capitalismo, el culpable es el *canis lupus signatus*, ese animal que nos aterroriza desde la infancia con historias crueles y mal escritas, y lo que es aún peor: sin un auténtico argumento.

2. Principio del método de contagio. Reunir diversos adversarios en una sola categoría. Tan execrables como el lobo, deben ser los ecologistas buenistas, los blandos izquierdistas defensores de la multiculturalidad y en general cualquier persona que se desvíe de las tradiciones.

3. Principio de la transposición. Cargar sobre el adversario los propios errores. Si no puedes negar las malas noticias de la guerra contra Rusia, de la guerra contra el clima o de la guerra contra la especulación mobiliaria, inventa otras guerras que le quiten gravedad a estas, como la guerra contra el lobo.

4. Principio de la exageración y desfiguración. Convertir cualquier anécdota, por pequeña que sea, en amenaza grave. Es importante darle cobertura a noticias como que las ovejas de

[7] Siguiendo los propuestos por Marçal Moliné en la desaparecida revista netfinances.ikaro.net (2003).

un pequeño rebaño en un pueblo perdido son atacadas por una fiera salvaje, supuestamente canina, ocasionando un irreparable daño en la economía nacional, motivo por el que el parlamento europeo, sin medios para indemnizar al pastor de las susodichas ovejas, se ha visto obligado a actuar de forma contundente contra las terribles manadas lupinas que ya han comenzado a invadir todos los territorios, amenazando también con entrar en los cascos urbanos.

5. Principio de la vulgarización. Ligar la propaganda con el populismo. Adaptar el nivel de la información al menos inteligente de los individuos a los que va dirigida. No hay que realizar grandes esfuerzos en demonizar al lobo. El lobo es malo por naturaleza, diga lo que diga la ciencia. Y si te parece difusa la palabra malo, utiliza otra que ponga los pelos de punta, como diabólico. El objetivo es sensibilizar sobre el daño que causan estos bichos. Si puedes dibujar un lobo devorando un bebé de apenas unos meses, mejor que mejor. La capacidad receptiva de las masas es limitada y su comprensión escasa; además, tienen gran facilidad para olvidar, así que no hay por qué preocuparse si al final se demuestra que los lobos no comen niños.

6. Principio de orquestación. Limitar la propaganda contra el lobo a un número de dos o tres ideas simples. Estas pueden ser: que hay demasiados, que es una especie dañina o que no produce nada útil. A continuación, hay que repetirlas incansablemente, presentándolas una y otra vez desde diferentes perspectivas en todos los medios de comunicación a nuestro alcance, pero siempre convergiendo sobre el mismo concepto de lucha contra el lobo. Sin fisuras ni dudas. Ya sabemos que el sentido común dice lo contrario y que el lobo es una especie vulnerable y beneficiosa para el medio, pero nunca hay por qué tener miedo a la mentira. Por extraño que que parezca, el

siguiente refrán popular es cierto: si una mentira se repite suficientemente, acaba por convertirse en verdad.

7. Principio de renovación. Emitir constantemente noticias contra el lobo, aprovechar cualquier circunstancia para no dejar al adversario con argumentos a su favor, y a cada respuesta de cualquier grupo proteccionista contraatacar con acusaciones que le saquen los colores a los activistas que forman parte de estos grupos, como decir que están subvencionados, que viven del cuento o que es una pandilla de vagos que lo único que quieren es no dejar nada en ningún sitio y por eso defienden al innombrable, para que todo el campo esté abandonado. Sin recurrir al insulto, tiene que quedar claro que las únicas personas claramente conscientes de la realidad son las que defienden que se mate a estas bestias y no las que ingenuamente las protegen.

8. Principio de la verosimilitud. Es esencial construir las ideas a partir de fuentes variadas, globos sonda e informaciones fragmentarias. Ayudará mucho acompañar el argumentario con testimonios verídicos relatados en primera persona de brutales ataques, exposición pública de víctimas totales de herbívoros, relación de pueblos despoblados a causa del miedo que estas fieras producen, etc.

9. Principio de la silenciación. Callar en las cuestiones espinosas como la caza furtiva por la noche y con escopetas automáticas de visión nocturna, y disimular las noticias que favorecen al adversario como el número de ovejas de elevada edad que aparecen misteriosamente devoradas en medio del campo, o el aumento de turistas para avistar esta especie en provincias desfavorecidas políticamente. Así mismo, es preciso marginar cualquier información que apunte hacia la necesidad de proteger a esta especie como parte de los ecosistemas,

negando su función reguladora y los beneficios que presta a la ganadería mediante el control de las epidemias gracias a la archiconocida selección natural. En caso de que todo esto no sea posible, ante una noticia susceptible de dañar la imagen de la caza del lobo se han de publicar otras de mayor relevancia que la tapen: subida del precio de la barra de pan, el traje de baño de las princesas, los cuernos de una cantante a su novio futbolista, etc.

10. Principio de la transfusión. Por regla general, la propaganda opera siempre a partir de un sustrato preexistente, ya sea una mitología nacional o un complejo de odios y prejuicios folclóricos; se trata de difundir noticias que puedan arraigar en estas actitudes primitivas. En el caso del lobo, esta estrategia se puede dar sin apenas esfuerzo. Pero, además, es primordial disfrazar este odio con un traje de época para que la fuerza de la costumbre no deje de operar en el subconsciente de los individuos. Una de las maneras de perpetuar esta transfusión es crear centros de interpretación del lobo ibérico en los cuales se explique con vehemencia que, a pesar de la persecución durante siglos, el lobo logró sobrevivir, por lo que es difícil que una nueva persecución haga peligrar la especie.

11. Principio de la unanimidad. Alcanzar ese estado en el que todo lo que se diga en contra del lobo, o de la desaparición como figura protegida, caiga en el saco de esa frase hecha que reza "como todo el mundo piensa". Es el mejor modo de perpetuar la aversión hacia el *canis lupus signatus* y facilitar su exterminio al ser una acción aceptada por la gran mayoría de la sociedad. También, como complemento a este principio, es aconsejable eliminar (políticamente) a quienes piensan de modo diferente. Sacando a relucir una sabia frase hecha: así matamos dos pájaros de un tiro.

Nota del autor: He de advertir que no comparto en absoluto el contenido del panfleto expuesto pero he creído necesaria su fidedigna transcripción en este medio, si bien no puedo, por razones obvias, desvelar la fuente que me ha permitido obtenerlo[8].

[8] Publicado originalmente en *rebelion.org* (21 de abril de 2025). https://rebelion.org/los-11-principios-de-joseph-goebbels-y-el-lobo-iberico/

Anticonferencia: «El encarnizado ensañamiento del fascista despiadado».

Escuché que la palabra fascismo era una palabra vieja, que no significaba ya nada porque se utilizaba para todo, incluso para definir a los genocidas, y la duda se abrió como un relámpago. ¿Será verdad que el fascismo se ha quedado obsoleto y que lo que hacen los dictadores que gobiernan el mundo habría que definirlo de otro modo, con otra palabra mucho más fea, que sonara peor, que describiera de manera más fidedigna el horror que provocan todos esos malnacidos a los que la vida, si no es la suya, les importa muy poco?

Hoy me he despertado con la boca seca. Mi lengua parecía una alpargata. Es la ansiedad que me provoca no querer saber nada del mundo, porque me duele saber que el dolor está siendo causado de manera metódica y sobre poblaciones indefensas. ¿Cómo llamar a lo que el ejército de Israel comete sin pudor y como si de un juego se tratara? 400 muertos en un solo bombardeo. La mayoría de corta edad, leo en Telegram, en uno de esos foros de resistencia mediática. Y me pongo de mala hostia, de muy mala hostia, y es entonces cuando me da por pensar cómo es que nadie se ha atrevido aún a pegarle un tiro al asesino que da las órdenes antes de que dé una más, por favor, antes de que una nueva orden se pase por su cabeza.

A la infancia la defendía Trump no hace mucho cuando decía, tal vez sin un ápice de cinismo, que había que desalojar toda la Franja, para que no sufrieran más esos pobres desgraciados, para una vez vaciado el territorio edificar hoteles en primera línea. A la infancia la defendía el de los ojos empapados en sangre hasta que un día se levantó enfurecido porque la verga no se le empinaba y decidió dar la orden de permitir de nuevo las masacres, para regocijo de ese otro viejo disfuncional al que se le escapa la baba cada vez que le muestran imágenes de palestinos moribundos, quemados por el fósforo blanco de las bombas.

En *La naranja mecánica* de Stanley Kubric, el sadismo consigue desarticular cualquier orden moral, haciendo de la vulnerabilidad objeto de disfrute. Para este sadismo solo hay una cura, el propio sadismo aplicado a quien antes lo aplicaba, pero esta solución implica también una destrucción de los principios que rigen las sociedades libres, al tiempo que genera una paradoja: ¿es el autoritarismo la única manera de acabar con el poder exento de empatía?

Podríamos formular de otro modo esta pregunta, sabiendo como sabemos que el terror es un asunto institucional y de grandes dimensiones: ¿cómo detener a los sádicos cuando son ellos los que dictan las normas, los que tienen en sus manos la decisión divina de disponer de la vida de los otros, los que asesinan a plena luz del día sin que nadie pueda hacer otra cosa que recoger los fragmentos de los cuerpos destrozados?

Esa era la palabra: sadismo, o sadofascismo, o ensañamiento fascista, para ser más precisos.

El ensañamiento que se ha extendido por el planeta y contra el que resulta complicado luchar, por ser un inmenso incendio que se propaga sin control, tragando con sus lenguas de fuego países enteros, medios de comunicación, democracias, imaginarios sociales, éticas ciudadanas y toda clase de mentes racionales e irracionales, desde las más brutas a las más refinadas, desde las más grotescas a las más educadas, en una orgía de la tortura y del sacrificio.

Ya no hay rincones en los que refugiarse, habría que enloquecer para decidir no querer saber nada y así olvidar que el encarnizado fascismo sádico y despiadado existe y se ha adueñado del pensamiento general, como antaño se hizo dueño del alma de las religiones. Habría que enloquecer, pero no de psicopatía, que es lo que quieren para que seamos como ellos y comprendamos la miseria de la impotencia que se esconde debajo de las prepotencias fálicas que esos miserables sádicos padecen. Habría que enloquecer, pero de rabia.

Pasquín antipoético: «Biofascismo»[9]

A medida que el biofascismo avanza, las heridas sobre el planeta son cada vez más evidentes. Vivimos tiempos contradictorios en los que los conceptos son retraídos de su acepción original para ocupar lugares indeterminados donde reina la anfibología y la confusión inducida.

Esto no solo le sucede a términos como *libertad*, sobre el cual se cierne la paradoja de ver cómo en su defensa se producen conocidos recortes de las libertades, o la *justicia*, cada vez más en manos de la justicia de los ricos, o la *igualdad*, tan perversamente empleada para discriminar a los no iguales, sino que abarca cualquier palabra que pueda moldearse para ser interpretada en beneficio de quien la usa –por supuesto con el objetivo de obtener beneficios–.

El vocablo *ayuda* no podía ser menos, más cuando su uso histórico responde a un sinfín de acciones que ponían de manifiesto la superioridad de quien ayudaba y despreciaban a quienes recibían los beneficios. En nombre de la evangelización (excepcional ayuda que salvaba a las almas de morir en pecado) se justificaron buena parte de los etnocidios en América y África hasta bien entrado el siglo XX, y en nombre del desarrollo económico (ayuda que consiste en enseñar a pescar) se validaron monumentales estafas (también llamadas préstamos del FMI) a países en desarrollo, al tiempo que se ayudaba (aún más) a la población de esos mismos países creado puestos de trabajo (esclavo) con el fin de extraer unos recursos imprescin-

---

[9] Fernández J. (19 de febrero de 2025) *Biofascismo, oh yeah.* https://rebelion.org/biofascismo-oh-yeah/

dibles para quienes con tanto fervor ejercían la ayuda (y siguen ejerciéndola).

No es de extrañar, en consecuencia, que la ayuda –en especial cuando hablamos de ayuda internacional– sea vista con un creciente grado de desconfianza cada vez que se produce. ¿La supuesta ayuda a Ucrania es una ayuda o la perpetuación de un mecanismo de producción de armamento que de forma lateral ha producido cientos de miles de muertos?

Más extraño resulta, si cabe, que sea la ultraderecha estadounidense (aderezada de nazismo) la que ponga el grito en cielo sobre la manipulación y la corrupción de la ayuda al desarrollo internacional (USAID). Sí, el mismo organismo intervencionista que, según la versión de quienes no deseaban o no querían ser ayudados con las artes made in USA, tenía capacidad de influencia en los gobiernos (o en la oposición a los gobiernos, dependiendo de qué gobierno se tratara).

Y resulta extraño porque el cierre de esta agencia implica una pérdida notable de influencia política y simbólica, y por tanto una merma en la credibilidad de otros proyectos paralelos de corte colonialista (o expansionista). ¿Qué está pasando entonces?

Parece ser, por las exaltadas reivindicaciones de la corte de Elon, que el discurso de *America First* llevado a sus últimas consecuencias no podía soportar que USA desperdiciara unos cuantos millones (la propina de unos dólares al camarero en una gran comilona) fomentando trabajos de cooperación que en su versión más radical podían, incluso, llegar a ser interpretados como solidarios.

Haciendo tabla rasa mediante el desmantelamiento de la USAID, el imperio demuestra su autosuficiencia, y a partir de ahora ya no necesitará dar ayudas para alzar el brazo de la prepotencia. No le importa llevarse por delante algunos de los proyectos que, aunque de forma precaria, estaban favoreciendo el desarrollo democrático de una frágil igualdad (en Sudáfrica, por ejemplo), o simplemente frenando las ansias expansionistas de empresas y gobiernos en áreas de vital importancia para el planeta (en Amazonia, sin ir más lejos).

La demolición del programa *Amazonia Mía* podría ser la puntilla para la cuenca del Amazonas, 7,7 millones de km^2 que albergan la quinta parte del agua dulce del planeta y una selva tropical que es considerada uno de los pulmones de la Tierra, pero que atraviesa por serios problemas a causa de la crisis climática con una falta de pluviosidad galopante –a lo cual se ha de unir la continua deforestación y los casi permanentes incendios–.

America First repiten una y otra vez los puteros ya entraditos en años que actúan como si gobernaran el prostíbulo del mundo (esa esfera mal hecha y medio azul que solo se ve cuando te alejas en el espacio camino de un planeta mejor que no existe). Y con ese lema demuestran la gran ignorancia que circula por sus cabezas, pues una vez que muera la Amazonia, o mueran los océanos –también en declive–, o muera la corriente del AMOC, a esa *America* le quedarán dos telediarios para compartir destino.

Pero el biofascismo avanza, amigos. Lo decíamos al principio, y para las heridas que se abren ya no hay esparadrapo suficiente en todas las farmacias. El biofascismo, en base a principios ideológicos infantiles, retrógrados, egoístas y carentes de empatía, pero con una barriga bien llena y, eso sí, con toda la tecnología de última generación a su alcance, está dispuesto a acabar con la vida, no ya la vida de unos seres considerados inferiores en un campo de concentración, no ya la vida de la fauna salvaje en una cacería turística, no ya la vida de unos cuantos árboles para levantar un centro comercial, no, la vida en general.

La vida que tiene savia y sangre, para los biofascistas, es solo un producto de consumo más, o de explotación y sacrificio. La vida que tiene savia y sangre no existe si no es la suya, o la de los *suyos*, o la de esa *America oh yeah*, que solo ellos saben qué demonios es. La vida que tiene savia y sangre no existe, no, de la misma manera que no existe el cambio climático ni existen más géneros que dos: los que tienen coño y los que tienen pirola. La vida (de verdad), para los biofascistas, es solo lo que Dios creó a su imagen y semejanza: esos tipos con la piel blanca, corbata monocolor y una buena dosis de egolatría (como Dios).

Los biofascistas se han propuesto acabar con la vida y reclamar como vida X, AI y unas cuantas siglas más. Y seguirán empeñados en acabar con ella hasta que empiece la fiesta.

Lo peor (o lo mejor) es que, cuando empiece la fiesta, ellos estarán vivos y serán los únicos anfitriones y los únicos invitados en ese refugio de hormigón con todas las comodidades (y que seguirán llamando *America*). Y tú y yo, y el resto del planeta, tal vez no. Así, cuando el minibar del refugio se agote, que pidan ayuda. Que la pidan. Oh yeah.

En distintos parques urbanos del mundo, tumbado boca abajo, junto a una vieja señal de coto de caza:

En escena entra un gran volumen, una representación de un enorme cuerpo humano deformado que ocupa gran parte del escenario.

El volumen se sube con unas poleas a media altura y permanence flotando y balanceándose.

Después de los aplausos.

Video. En la calle, a modo de vendedor de tarifas eléctricas.

Esta es una invitación a pensar. A pensar sin más, sin más preámbulos, sin más excusas, sin más procrastinar.

El Estado, o lo que queda del Estado, entendiendo por Estado al sistema que protege a los individuos que forman parte de un territorio de ser devorados por el mercado –en su forma más ofídica y truculenta– debería promocionar el pensamiento ofreciendo no solo libertad (de pensamiento) sino también pagando por pensar.

Algo así como un mínimo vital pero no por vivir sino por pensar.

No me digas que no sería una oferta interesante.

Pues bien, lo que yo te ofrezco, lo que te ofrece P.I.E.N.S.A. es la posibilidad de hacer esto mismo: pensar, recibiendo un dinero a cambio, una cantidad suficiente para vivir, y cuya suma dependerá de si tienes o no otros ingresos, naturalmente.

No tendrás que hacer nada más, solo eso, pensar, y puedes pensar haciendo todo tipo de actividades compatibles, como caminar, escuchar música, leer, dialogar... Eso sí, tendrías que abandonar el uso del móvil. Puedes usarlo para hablar por teléfono de manera analógica y como herramienta de comunicación con tus seres queridos, pero tendrías que desinstalar todos los programas de mensajería instantánea, redes sociales, streaming, etc. porque son incompatibles con la acción de pensar.

Si detectamos desde P.I.E.N.S.A. que estás utilizándolos mientras piensas, no tendríamos más remedio que retirarte la ayuda, y tendrías que devolver, con intereses, lo ingresado.

¿Qué te parece? ¿Te sientes capaz?

Como ves es un asunto sencillo, una manera fácil de ganar dinero.

Y tú me dirás, ¿qué gana P.I.E.N.S.A. con que tú pienses?

No te voy a engañar. Somos una sociedad benéfica, dedicada al desarrollo ético y moral de la sociedad, y recibimos por ello una ayuda del fondo *next generation for democracy.* También es verdad, y no te voy a engañar, que jugamos con el factor compromiso. Ya sabes, tú te comprometes a cumplir el programa y si no lo pagas, pringas.

Ya sé lo que estás pensando, que nos parecemos a un banco malo. Para nada, nosotros te damos el dinero y no tienes que devolverlo nunca, salvo, claro está, que no cumplas lo prometido.

Es dinero fácil, muy fácil, pensar está al alcance de cualquiera, pero no te voy a engañar, tiene sus riesgos.

Cuando los espectadores se marchan del teatro.
Llamándoles para que regresen.

Habíamos establecido una relación de convivio. No pueden marcharse así como así.
Además, han aparecido nuevos textos debajo de la cama,
lo juro,
y no pueden irse sin oírlos.
Además, hay un asunto que deben saber.
Antes de comenzar la función, y medio en sueños,
recibí una llamada de Jorge Dubatti
en la que me insistía que el teatro es pérdida,
que es sólo eso, un acto para la pérdida y que ni siquiera la más perfecta de las grabaciones podría en un futuro acercarse a lo que significa el encuentro en un teatro.
Y durante la obra no he podido quitarme esta idea de la cabeza,
no he podido dejar de preguntarme
si no será esta pérdida un acto visiblemente
antifascista,
mucho más que la escritura.
De hecho, hay un momento, mientras abro el libro titulado
Cómo desnazificar en 3 pasos,
¿lo recuerdan?,
que me llama
a mi conciencia
vía *InterSignal*
un comercial de Neuralink Corporation[10]
para venderme un producto de última generación que solucionará el problema
de la pérdida.

---

[10] https://neuralink.com/

¡Pero si yo quiero perder!, replico inmediantamente.
Y añado:
Me gusta el teatro, amo el teatro, practico teatro.
Pero el comercial no se rinde con esta información, como era
de esperar,
y a continuación me explica las ventajas del producto:
el chip que implantaremos en la corteza cerebral
de tu cabeza
recogerá información sobre tu identidad,
esencialmente del por qué te crees diferente,
por qué te ves una persona única en el mundo.
Lo implantaremos para que trabaje
el resto de tu vida
para que cuando mueras
el chip pueda pasar a cualquier otro aparato electrónico
y tú,
es decir, tu identidad,
pueda tener una segunda vida,
incluso muchas vidas,
si se implanta en dispositivos distintos.
No me digas que no es
una idea magnífica.
Si lo adquieres ahora,
tendrás un descuento los tres primeros meses.
Yo doy un brinco,
¿lo recuerdan?,
porque mi corazón ha comenzado a latir de una forma
desconocida,
y me siento terriblemente cansado,
apenas puedo seguir con la interpretación de esta obra.
Pero conozco la causa:
mi cerebro ha entrado en estado de alarma.
Y esto me permite sacar fuerzas de la nada.

De vuelta en el teatro. Solo.

Sí.
Y toda esta lucha para nada
todos los combates por la justicia en nada
todos los esfuerzos por nada
todas las razones sin nada
todas las verdades dichas como si nada
toda la vida para la nada
toda la vida para morir de nada
la nada altruista que de nada no tiene nada
con su trascendencia absoluta pero inservible
en un universo de nadas enrarecidas y totalitarias.

De regreso a mi domicilio.

Aquello que parece casualidad, no lo es. Ya no hay plomo en las tuberías que rebaje nuestro coeficiente intelectual pero la acción de los metadatos sobre nuestras mentes también genera estupidez. Es creer en el fascismo pensar que las órdenes injustas son necesarias porque de otra forma no podríamos vivir. Es fascismo llenar el cielo de satélites y no permitir mirar las estrellas. Es fascismo el olvido de los genocidios recientes. Es fascismo el abandono de los ancianos y emitir programas en la tele en horas en los que la gente toma café en los bares. Son fascistas los tertulianos que aman a los desokupas y odian a los viajeros negros por el Mediterráneo. Es fascista mi vecina, que no para de decir lo bien que nos iría con la libertad de los ignorantes. Son fascistas los cazadores, también los que cazan por deporte, y los matadores de toros y los enemigos de los ríos y de la fauna salvaje. Es fascista el ecologista con el subconsciente antropogénico. Es fascista el padre autoritario, el hijo insolente o la tía méteteentusasuntos. Son fascistas los alcaldes que promueven la destrucción del patrimonio al tiempo que dan medallas en eventos deportivos para captar votos. En realidad, son fascistas todos y cada uno de los gobernantes que antes que por la paz apuestan por el suicidio colectivo. Son fascistas los antisemitas, los judíos ortodoxos, las monjas de convento y Dios bendito, el mismo que en su nombre permite que se asesine tanto y tanto. Y hablando de Dios bendito, son fascistas los jueces del Supremo que emiten penas para castigar el desorden, y los vigilantes del orden que actúan con sagrada impunidad, y los patriotas homófobos, y los vendedores de odio en las redes, en los bares, en las radios, en las taxis y en las teles. Y los votantes de Eurovisión, que no se me pase decirlo.

Y, en general, todos los colaboracionistas con la propaganda del régimen, de todos los regímenes. El fascismo es un jodido cálculo matemático, una solución rápida al problema del caos climático y a otras muchas cuestiones de convivencia cotidiana o de orden público. El fascismo anula la importancia del tiempo y la brevedad histórica de los acontecimientos. El fascismo da muerte a la memoria para lanzarnos a un futuro espectral. El fascismo está hasta en la sopa y no podemos evitarlo. Está, sobre todo, en la carne que viene de los mataderos. Y te lo comes. Vaya que si te lo comes.

Esta obra fue estrenada en el Teatro Ensalle el 6 de junio de 2025.

TEXTO, DIRECCIÓN, DRAMATURGIA Y ESPACIO ESCÉNICO:
Julio Fernández Peláez
ILUMINACIÓN:
Antoine Forgeron
MÚSICA:
Roberto García de Mesa

CON LAS VOCES DE:
Alfonso Plau, Antonio Nieto, Áurea Martínez, Beatriz Bergamín, Diana de Paco, Diego Palacio, Eduardo Caballero, Esmeralda Gómez, Elena González-Vallinas, Elsa Tronchoni, Enrique Torres, Francisco de los Ríos, Guadalupe Sáez, Juana Escabias, Laura Aparicio, Maxi de Diego, Miguel Ángel Mañas, Nacho Ortega, Néstor Villazón, Ozkar Galán, Paco Romeu, Raquel Calonge, Rosa Encinas, Ruth Vilar, Salva Artesero, Sara Núñez, Weronika Cieślak, Xavi Puchades y Xose Esperante.

Y con la COLABORACIÓN ESPECIAL en los textos y canciones de Luna Gómez.

AGRADECIMIENTOS:
Myriam López, Deborah Vukusic, Eva Alfonso, Zaida Gómez y Teatro Ensalle.

PUBLISHERSFORPALESTINE.ORG